중급
일본어회화

中級日本語会話

중급 일본어회화

한국외국어대학교 일본어통번역학과 교재편찬위원회 엮음

HU:iNE

目次

ロールプレイ

第1課
自己紹介

登場人物

キムジナ、佐々木健一、佐々木雅子、佐々木理沙

第1課

自己紹介

佐々木家で

健一　お母さん、理沙、こちらはキムジナさん。韓国のソウルから来た留学生で、理沙と同じ国際東京大学の3年生だって。

ジナ　初めまして。キムジナです。皆さんにお目にかかるのを楽しみにしていました。これから一年、よろしくお願いします。

雅子　はじめまして。こちらこそ、よろしくね。狭いけど、自分の家だと思ってくつろいでね。ジナさんの部屋は2階、理沙の部屋の隣よ。

ジナ　いえ、狭いだなんて。とても素敵なお家です。私の部屋まで準備していただいて。本当にありがとうございます。

雅子　私たちもジナさんが来るの、とても楽しみにしてたのよ。私たちのことはお父さん、お母さんって呼んでね。

理沙　私のことは名前で呼んでね。私もジナちゃんって呼んでいい？

ジナ　もちろんです。一年先輩だし、私は理沙さんって呼んでもいいですか？

理沙　もちろん！ところで、ジナちゃんは何学部？

ジナ　交換留学生なので、学部には所属していないんです。留学生センターで日本語の授業を中心に受けることになっています。韓国の大学では日本語通翻訳学科です。

理沙　そうなんだ。私は経済学部。同じキャンパスだから、明日一緒に学校に行こう。

ジナ　はい。是非！あ、そうだ！これ、つまらないものですが、韓国からのお土産のキムチと伝統茶です。皆さんで召し上がってください。

雅子　あら、嬉しい。ありがとう。うちの家族、キムチ大好きなのよ。韓国の伝統茶は初めて。飲むのが楽しみだわ。

ペアで話しましょう

1. ホームステイ先のお母さんやジナさんはなぜ「狭いけど、自分の家だと思ってくつろいでね」「つまらないものですが、韓国からのお土産のキムチと伝統茶です」と言ったのでしょうか。
2. 日本へ留学する際、ホームステイ先の日本人へのお土産はどんなものがいいと思いますか。

グループで話しましょう

1. クラスの人に自分のことをよく知ってもらうため、自己紹介をしてみましょう。初級で習った自己紹介(名前、学科・学年、趣味、出身)に加え、以下のような内容も話してください。
   - ・名前の由来
   - ・趣味の説明(読書であれば、好きな作家、好きな本など)
   - ・出身地の説明(有名なものや景色など)
   - ・最近、嬉しかったこと／悲しかったこと
   - ・今学期の目標

2. 旅行のお土産で、渡した人に喜ばれたものは何ですか。また、家族や友人にもらったお土産の中で嬉しかったものはどんなものですか。

クラスで発表しましょう

グループで話した内容をまとめて、クラスで発表しましょう。

第2課
サークル

登場人物

キムジナ、佐々木理沙、工藤良太

第2課

サークル

佐々木家で

理沙　ジナちゃん、もう学校には慣れた？

ジナ　大学までの行き方とか、教室の場所とかは分かったんですが、日本人の友達が全然できなくて…。

理沙　え？どうして？日本人の学生なんて、山ほどいるじゃん。

ジナ　日本語の授業なのでクラスに日本人の学生が1人もいないんです。

理沙　なるほどね。あっ、ねえ、もしよかったら、私が入ってるサークル、一緒に行ってみない？

ジナ　えっ、いいんですか？行きたいです！どんなサークルなんですか？

理沙　国際交流サークル。留学生だけじゃなくて日本人もたくさんいるよ。日本や海外の文化を紹介しあったり、イベントをしたりしてるの。

ジナ　わ～、すごくおもしろそうですね。是非連れてってください。

サークルルームで

理沙　ここがサークルルーム。あ、工藤君！久しぶり！

良太　佐々木先輩、お久しぶりです。4年生になってから全然来てくれませんよね。

理沙　ごめん、ごめん。就活で忙しくなっちゃって。今日はうちでホームステイをしてるジナちゃんにサークルを紹介しようと思って来たんだ。工藤君、こちら、韓国からの留学生のキムジナさん。工藤君と同じ3年生。ジナちゃん、こっちはこのサークルの会長、工藤良太君。

良太　はじめまして、ジナさん。佐々木先輩から話は聞いてました。僕たちのサークルはいつでもだれでも大歓迎なので、興味があったら是非参加してください。

ジナ　はい、是非。理沙さんから話を聞いて入りたいと思ってたんです。

良太　よかった！今年もいろいろなイベントを企画してるから、楽しいと思いますよ。一番近いイベントだと、3月末のお花見。外で桜を見ながらパーティーをする予定です。

ジナ　わぁ！楽しみです！

ペアで話しましょう

1. ジナさんはどうして日本人の友達が全然できないのでしょうか。
2. 皆さんが新しくサークルに入るとしたらどんなサークルに入りたいですか。

グループで話しましょう

1. サークルに入ることのメリット・デメリット、入らないことのメリット・デメリットを考えて話してみましょう。
2. 新しいサークルを作るとしたら、どんなサークルを作りたいですか。

クラスで発表しましょう

グループで話した内容をまとめて、クラスで発表しましょう。

第3課
お花見

登場人物

キムジナ、佐々木理沙、工藤良太、鈴木聡、田中緑

第3課

お花見

スーパーで

理沙　お菓子、何買おうかな。5000円預かってきてるんだけど。

ジナ　そうですね。5000円もあったら結構買えそうですね。何人ぐらい参加するか聞いてますか？

理沙　30人ぐらいって言ってたよ。人数が多いから、同じお菓子を3つぐらいずつ買っていこうか。

ジナ　いいですね。あっ、このチョコはどうですか？これ、韓国でも人気があるんですよ。

理沙　いいね、じゃ、3つ入れて。

ジナ　このクッキーもおいしそう。

理沙　それ何枚入り？なるべくたくさん入ってるの選んでね。

ジナ　6枚入りです。あっ、これは10枚入り。こっちにしましょう。

理沙　甘いお菓子が多いから、しょっぱいのも買おうか。その棚の中からジナちゃんが好きなの一つ選んで。

ジナ　このおせんべいにします。わぁ、結構荷物多くなりそうですね。これじゃ、二人で持って行けなさそう。

理沙　工藤君に電話してみよう。工藤君、車で飲み物買いに行くって言ってたし。

公園で

ジナ　わぁ！桜すごくきれい！満開ですね。

理沙　ちょうど見ごろだね。明後日から雨だって言ってたから、お花見今日にして本当によかったよ。

良太　去年のお花見は最悪でしたもんね。前の日、雨が降って桜ほとんど散っちゃってたし。

理沙　本当。今年は天気もいいし、桜も満開だし、言うことなし！

良太　あ！いた！鈴木君と田中さん。場所取りお願いしてたんだ。

理沙　すごい！一番大きい桜の真下じゃん！よくこんな場所取れたね。

聡　僕たち朝7時に来て場所取りしてたんですよ。

緑　ちょっと、聡。朝7時に来たのは私。聡が来たのは8時半でしょ。

聡　はは、ごめん、ごめん。

ジナ　お二人とも、本当にありがとうございます。こんな素敵な場所でお花見ができるなんて。

ペアで話しましょう

1. 理沙さんはどうして「よくこんな場所取れたね」と言いましたか。
2. 韓国ではどんな日本の食べ物が人気ですか。反対に人気がない食べ物は何ですか。

グループで話しましょう

1. お花見をするとしたらどんなものを持って行きますか。また、お花見では桜の花を見る以外にどんなことをしてみたいですか。
2. 野外で余暇を過ごすなら、どこでどんなことをしたいですか。また、そのための準備として、どんなものが必要ですか。
   例：公園でサイクリングをする。川の近くでキャンプする。

クラスで発表しましょう

グループで話した内容をまとめて、クラスで発表しましょう。

第4課
旅行の計画

登場人物

キムジナ、工藤良太

第4課

旅行の計画

大学のキャンパスで

ジナ　工藤さん、ちょっと相談に乗ってもらってもいいですか？

良太　もちろん！あ、同い年だし、もっと気楽に話してよ。工藤さんじゃなくて、良太でいいし。

ジナ　え、うん。わかった。じゃあ、良太君。実は、ゴールデンウィークに妹が遊びに来るんだけど、どこに連れてったらいいか悩んでて…。妹は東京来るの3回目なの。

良太　そっか。じゃあ、東京の観光地、もうだいたい行ってるよね。

ジナ　うん、浅草とか、東京タワーとか、有名な観光地は全部行ったって言ってた。

良太　だったら、鎌倉はどう？東京から電車で1時間ぐらいだし、日帰りでも十分楽しめると思うよ。

ジナ　鎌倉か。私もまだ行ったことないや。

良太　鎌倉には古いお寺や神社がたくさんあって、外国人観光客にも人気があるよ。鎌倉の大仏、写真とかで見たことない？

ジナ　ある！そこ、行ってみたかったんだ。

良太　それから、鎌倉でランチをするなら、古い家をそのままお店にしたカフェがあったんだけど、ご飯もおいしくて、すごくよかったよ。ちょっと待って、写真あったはず。

ジナ　うわぁ！ここがカフェ？素敵！庭もきれいだね。行ってみたい。

良太　後で住所とかお店の情報送るね。あと、鎌倉に行くなら、江ノ島にも行ってきたほうがいいよ。

ジナ　江ノ島？鎌倉から近いの？

良太　うん、20～30分で行けるよ。江ノ島にも神社があるんだけど、そこに行くまでの道に食べ物屋さんとかお土産屋さんがたくさん並んでて面白いと思う。

ジナ　わぁ！妹も喜びそう！見どころがたくさんあるから、日帰りじゃもったいないね。

良太　うん、1泊2日だとゆっくり回れると思うよ。

ジナ　そっか～。いろいろ教えてくれてほんとにありがとう。

ペアで話しましょう

1. ジナさんはどうして悩んでいますか。
2. 泊りで旅行するなら、ホテルと旅館、どちらに泊まりたいですか。

グループで話しましょう

1. 日本で観光してみたい場所はどこですか。そこに行ったら、どんなことがしたいですか。
2. 外国人のお客さんが来たら、韓国のどこに案内したいですか。そこでどんなことがしたいですか。

クラスで発表しましょう

グループで話した内容をまとめて、クラスで発表しましょう。

第5課
アルバイトの面接

登場人物

キムジナ、カフェの店長

第5課

アルバイトの面接

カフェで

店長　どうしてうちの店に応募したんですか？

ジナ　お店の前をよく通り過ぎるんですが、とてもおしゃれで働いてみたいと思ってたんです。

店長　そうですか。今までカフェでアルバイトをしたことはありますか？

ジナ　はい。韓国でカフェのアルバイトを2年間していました。

店長　じゃあ、カフェの仕事はだいたいわかっていますね。初めて会う人と会話するのは得意ですか？

ジナ　はい、得意だと思います。お客さんと話をするのも好きです。

店長　こちらでは、土日に働けて、平日にもあと1日ぐらい働ける人を探しています。時給は900円です。ただ、初めの2週間は試用期間ですので、時給は800円になります。ジナさんは土日と平日あわせて週3日働けますか？

ジナ　はい、大丈夫です。

店長　平日でアルバイトできる曜日とできない曜日を教えてください。

ジナ　火・木・金は大学の授業があるので難しいです。

店長　そうですか、わかりました。勤務時間は、朝9時から午後3時までと、午後3時から夜9時までのどちらか選べますが、希望の時間はありますか？

ジナ　え〜と・・・。平日は夜9時までのほうを、土日は朝9時からのほうがいいです。

店長　平日は夜9時まで、土日は午後3時までですね。わかりました。制服は特にありませんので、働いてもらうことになったら、黒いパンツと白いシャツを準備してください。

ジナ　わかりました。

店長　あと、髪の色は自由ですが、アクセサリーは禁止です。自宅からお店までの交通費を出しますが、ジナさんはお店まで何で来ますか？

ジナ　自転車で来ます。

店長　わかりました。以上で面接は終わりですが、何か質問はありますか？

ペアで話しましょう

1. 韓国ではどんなアルバイトが人気ですか。
2. 韓国でアルバイトをするとき、どんなことに気を付ける必要がありますか。それはアルバイトの種類によって違いますか。

グループで話しましょう

1. 日本でアルバイトをするとしたら、どんなアルバイトがしたいですか。
2. 実際にアルバイトしている人を見たり、アルバイトの経験がある人から話を聞いたりして、楽しそうだと思ったことや大変そうだと思ったことについて話してください。アルバイトをした経験がある人は、自分の体験について話してください。

クラスで発表しましょう

グループで話した内容をまとめて、クラスで発表しましょう。

第6課
アルバイト先での失敗

登場人物

キムジナ、カフェの店長、客

第6課

アルバイト先での失敗

カフェで

（ジナがコーヒーを客に運ぶ）

ジナ　失礼します。ご注文のアイスコーヒー、お持ちしました。あっ！

客　きゃ！

ジナ　あっ！すみません！すぐ拭くものを持って来ます。

（ジナがふきんを持って来る）

ジナ　大変申し訳ありませんでした。私の不注意でお洋服をよごしてしまって…。

客　いいえ、私も急に振り向いたりなんかして、ごめんなさいね。

店長　大変申し訳ございませんでした。お洋服のクリーニング代をお支払いいたしますので、ご連絡先を伺ってもよろしいでしょうか？

客　大丈夫です。気になさらないで。汚れも目立たないし、洗ったらとれると思うわ。

店長　では、お飲み物代だけでもサービスさせていただけますか？

客　あら、じゃあ、遠慮なくいただきます。

店長　すぐに代わりのコーヒーをお持ちいたします。

（客が帰った後で）

ジナ　店長、本当にすみませんでした。

店長　大丈夫だよ。お客さんもいい人で本当によかった。でも、次からはお客さんに飲み物を出すときにはもう少し気をつけてね。声をかけたら、急に振り向くお客さんもいるから。

ジナ　はい、気をつけます。本当にすみません。あ、店長。あのお客様のコーヒー代は私の給料から引いてください。

店長　そんなこと、気にしなくていいよ、よくあることだし。あ、新しいお客さんが来たよ！

ペアで話しましょう

1. 店長はどうしてお客さんに「お飲み物代だけでもサービスさせていただけますか」と言いましたか。
2. 店長はどうして「お客さんもいい人で本当に良かった」と言いましたか。

グループで話しましょう

1. これまでにアルバイトや大学生活などで失敗した経験について話してください。また、その時、どう対処したかについても話してください。
2. 最近、家族や友だちに謝ったり、謝られたりしたことについて話してください。

クラスで発表しましょう

グループで話した内容をまとめて、クラスで発表しましょう。

第7課
ゴールデンウィーク

登場人物

キムジナ、工藤良太、鈴木聡

第7課

ゴールデンウィーク

サークルルームで

聡　ゴールデンウィーク、どうでしたか？

良太　俺は岩手の親戚の家に行ったけど。

ジナ　私は妹が遊びに来て、鎌倉に遊びに行ってきたよ。

聡　いいですね。僕なんか、休みの間ずっとバイトでしたよ。

良太　え？連休中ずっと？大変だったね。少し休みを入れればよかったのに。

聡　1日ぐらい休みがほしかったんですけど、バイト仲間がみんな実家に帰るっていうんで、休めなかったんですよ。ほら、僕実家暮らしだし。

ジナ　岩手はどうだった？

良太　よかったよ。空気がきれいで、食べ物もおいしいし。何より、桜をもう一回見られたことが良かったかな。

ジナ　え？桜？まだ咲いてたの？

良太　うん、岩手は北のほうにあるから、4月の終わりから5月の初めにかけて桜が見ごろになるんだよ。親戚の家の近くの公園でも桜が満開で、とってもきれいだったよ。

ジナ　へ～。いいな。何回もお花見できてうらやましい。

良太　ジナさんは鎌倉旅行どうだった？あのカフェ、行ってみた？

ジナ　うん、行ってきた。良太君が教えてくれたカフェ、雰囲気もよかったし、ご飯もおいしかったし、妹もとても喜んでたよ。

聡　これは江ノ島の写真ですか？おいしそうなもの食べてますね。これ何ですか？

ジナ　タコせんべい。人気のお店みたいで、人が並んでたから、私たちも並んで食べてみたの。香ばしくてすごくおいしかった。あ～、また行きたいな～。

ペアで話しましょう

1. 聡さんはどうして休みの間ずっとアルバイトをしていましたか。
2. 良太さんは岩手の何が良かったと言っていましたか。

グループで話しましょう

1. 連休は何をして過ごしましたか。次の連休にはどんなことがしたいですか。
2. 次の表は外国人に人気の観光スポットです。人気の理由や、実際に行ってみたい所について話してみましょう。

外国人に人気の日本の観光スポット

順位	観光地名　県・市
1位	伏見稲荷大社　京都府京都市
2位	広島平和記念資料館（原爆ドーム、広島平和記念公園）　広島県広島市
3位	宮島（厳島神社）　広島県廿日市市
4位	東大寺　奈良県奈良市
5位	新宿御苑　東京都新宿区
6位	兼六園　石川県金沢市
7位	高野山（奥之院）　和歌山県高野町
8位	金閣寺　京都府京都市
9位	箱根彫刻の森美術館　神奈川県箱根町
10位	姫路城　兵庫県姫路市

出典：「トリップアドバイザー　旅好きが選ぶ！外国人に人気の日本の観光スポットランキング2018」より作成

https://tg.tripadvisor.jp/news/ranking/best-inbound-attractions/

（検索日：2018年8月20日）

クラスで発表しましょう

グループで話した内容をまとめて、クラスで発表しましょう。

第8課
ホームシック

登場人物

キムジナ、 佐々木健一、佐々木雅子、佐々木理沙

第8課

ホームシック

リビングで

雅子　ねえ、最近ジナちゃん、ちょっと元気ないわよね。

健一　そうだな。家に帰ってきても部屋にこもっていることが多いし、何かあったのかな。

雅子　理沙、ジナちゃんから何か聞いてない？

理沙　う～ん、特に聞いてないけど。あっ、そういえば、この前、アルバイトで失敗したって言ってたっけ。

雅子　それで元気がないのかしら。心配ね。

理沙　ゴールデンウィークにはミナちゃんが遊びに来て、とっても楽しそうだったのにね。

健一　もしかして、それじゃないか？ジナちゃんが元気ないの。

雅子　ホームシックかしら。日本に来て2か月ぐらいだし、緊張の糸が切れちゃったのかもしれないわね。

健一　理沙、それとなくジナちゃんに聞いてみてくれないか？

理沙　わかった、明日聞いてみる。

ジナの部屋で

理沙　ジナちゃん、最近元気ないよね。何かあった？

ジナ　う～ん、特に何かあったってわけじゃないんですけど、なんだか最近、気分が落ち込んじゃって…。

理沙　具合が悪いとかじゃないんだよね？

ジナ　はい、具合が悪いところはないんですけど…。実は、この前、妹に会ってから、急に家族に会いたくなっちゃって…。

理沙　そうだったんだ。ジナちゃん、サークルとか、アルバイトとかで忙しくしてたし、ちょっと無理してないかなって心配だったんだ。

ジナ　すみません、心配させちゃって。

理沙　ねえ、明日、学校終わったら、ショッピングに行こうよ。前、ジナちゃん、水着買いたいって言ってたじゃん。落ち込んでるときは、やっぱり、おいしい物食べて買い物だよ！

ジナ　行きたいです！ありがとうございます。

ペアで話しましょう

1. ホームシックになったことがありますか。ホームシックになったらどんな気持ちになると思いますか。
2. 友達が落ち込んでいたら、どのように励ましますか。

グループで話しましょう

1. 最近、落ち込んだことはありますか。落ち込んだ時、どんな状態になりますか。また、元気を出すためにどんなことをするか話してください。
2. 家族のありがたみを感じるのはどんな時ですか。また、家族に感謝したいことについても話してください。

クラスで発表しましょう

グループで話した内容をまとめて、クラスで発表しましょう。

第9課
将来

登場人物

キムジナ、 佐々木理沙、工藤良太

第9課

将来

学生食堂で

良太　佐々木先輩、最近、忙しそうですね。

理沙　うん、就活中だからね。

ジナ　日本では就職活動って、どんなことするんですか？

理沙　就職説明会に行って情報を集めて、希望する企業に書類を送ったり、筆記試験や面接試験を受けたりするんだよ。早い人だと、大学2年生の時から就活を始めてるよ。

良太　え～！！早いですね。俺もそろそろ始めなきゃ！

理沙　あ、でも、まず初めに、自分がどんな仕事に就きたいかじっくり考えなきゃだめだよ。二人は将来どんな仕事をしたいの？

良太　専門がコンピューター関係だし、ITの仕事かな。できれば、海外のIT企業で働きたいんだけど。

理沙　良太君、英語上手だもんね。ジナちゃんは？

ジナ　私はまだぼんやりとしか考えてないんですけど、留学中に日本語を一生懸命勉強して、韓国か日本の企業で翻訳か通訳の仕事ができたらなって思ってます。

良太　ジナさんなら大丈夫だよ。たまにジナさんが外国人だってこと忘れるぐらい上手だもん。

理沙　二人とも、将来のことしっかり考えてるじゃん。私なんて、3年生の12月になって就活始める時まで、全然仕事のこと考えてなくて、焦ったよ。

良太　ははは、佐々木先輩らしいですね。

理沙　ちょっと！あ、あとね、もうすぐ夏休みでしょ。夏休みの間、インターンに参加してみるのもいいと思うよ。実際その会社で働いている人と接するいい機会だし、仕事の内容も教えてもらえるからね。

良太　なるほど。業務経験も積めるし、スキルアップになりますもんね。

ペアで話しましょう

1. どうして理沙は「自分がどんな仕事に就きたいかじっくり考えなきゃだめだよ」と言ったのでしょうか。
2. 韓国ではどんな仕事が人気ですか。

グループで話しましょう

1. 韓国の就職活動について知っていることを話してみましょう。
2. 将来どんな仕事に就きたいですか。そのために、今、準備していること、これから準備しようと思っていることは何ですか。

クラスで発表しましょう

グループで話した内容をまとめて、クラスで発表しましょう。

第10課
結婚式

登場人物

キムジナ、 佐々木健一、佐々木雅子、佐々木理沙

第10課

結婚式

結婚式の会場で

健一　ええと、席はあそこだね。

ジナ　日本の結婚式って、席が決まってるんですね。

雅子　え？韓国では決まってないの？

ジナ　はい。ほとんどの場合、決まってないと思います。たくさん人が来て席がなくなると、結婚式の間ずっと立ってることもありますよ。

健一　ずっと立ってるなんて、足が痛くなりそうだな…。

ジナ　大丈夫ですよ。韓国の結婚式は長くても1時間ぐらいで終わりますから。

雅子　あら、そうなの。日本の結婚式は2～3時間ぐらいかかるのよ。韓国の結婚式では食事をしないの？

ジナ　食事も出るんですけど、式が終わってからのことが多いです。ビュッフェ形式の食事が一般的ですよ。

健一　日本の結婚式と結構違うんだね。いつか韓国の結婚式にも出てみたいな。

理沙　あの二人、大学のサークルで出会ったんだって。いいな。

ジナ　あ、理沙さん、結婚願望あるんですね。理想の結婚相手ってどんな人ですか？

理沙　理想の相手ね。そうだな。経済的に余裕があって、かっこよくて、優しい人。それから、家事が得意な人がいいな。特に、料理！私、料理苦手だから。

ジナ　結構、条件が多いですね。

理沙　まあね。ジナちゃんは？結婚するならどんな人がいい？

ジナ　そうですね。私も、まずは優しい人。それから、一緒にいて落ち着く人。あと、仕事でも趣味でもいいから、何かに熱中している人がいいな。

理沙　わかる！確かに、何か一つのことに打ち込んでる人ってかっこよく見えるよね。

ペアで話しましょう

1. 日本の結婚式と韓国の結婚式にはどんな違いがありますか。
2. 日本の結婚式はどうして席が決まっていると思いますか。

グループで話しましょう

1. 以下の表は日本人が結婚相手に求める条件です。表を見てどう思いますか。また、韓国の場合と違いがあるか話してみましょう。

結婚相手に求める条件

男性		女性	
1位	性格が合うこと(66.8%)	1位	性格が合うこと(83.4%)
2位	思いやりを感じること(59.6%)	2位	思いやりを感じること(80.4%)
3位	癒されること(51.4%)	3位	収入が安定していること(64.8%)
4位	家事をこなす能力があること(38.8%)	4位	癒されること(56.6%)
5位	自分の仕事を理解してくれること(37.6%)	5位	食事の好みが合うこと(52.5%)

調査方法：インターネット調査
調査対象：首都圏・関西の20歳～37歳男女　1,400名
調査期間：2013年9月10日～18日
出典　：「アニヴェルセル結婚前の男女は必見！結婚相手に求める条件は？」より作成
http://www.anniversaire.co.jp/brand/pr/soken1/report01.html(検索日:2018年8月20日)

2. 20年後の自分はどうなっていると思いますか。家族や仕事のことなど、想像して話してください。

クラスで発表しましょう

グループで話した内容をまとめて、クラスで発表しましょう。

第11課
サークルの旅行

登場人物

キムジナ、工藤良太、田中緑、鈴木聡

第11課

サークルの旅行

神社で

ジナ　ずっと来てみたかったんだ。日光東照宮。

良太　良かった。実は、ジナさんが、前に行きたいって言ってたのを思い出して、今回の旅行は日光にしたんだ。

ジナ　え！そうだったの？ありがとう！

聡　あれ？あそこ、人だかりができてますね。行ってみませんか？

緑　あ〜、「見ざる、聞かざる、言わざる」だね。

ジナ　自分にとって都合の悪いこととか、人の欠点とかは見たり、聞いたり、言ったりしないほうがいいってことですよね。

聡　ジナさん、よく知ってますね。僕なんて、見たことはあったけど、意味までは知りませんでしたよ〜！

緑　聡、「沈黙は金」って言葉知らないの？自分から無知だって言ってるようなもんだよ。

ジナ　実は、韓国にも同じ言葉があるんだ。韓国のお寺でも似たような像、見たことあるし。

緑　そうなんですか。

ジナ　「沈黙は金」って言葉も同じだよ。黙っていることは金と同じぐらいの価値があるってことだよね。

緑　はい、そうです。聡、わかった？

聡　それぐらいは知ってたよ！

良太　韓国と日本って、同じようなことわざがたくさんあるんだね。面白い。

ジナ　日本と韓国で意味が違うことわざもあるよ。例えば、「八方美人」。

聡　誰にでもいい顔する人のことですよね。韓国では違うんですか？

ジナ　うん、韓国ではほめるときに使うの。美人で色々な才能を持っている人って意味だよ。

良太　え～！全然違うね。

ペアで話しましょう

1. 良太さんはどうしてサークルの旅行に日光を選びましたか。
2. 緑さんはどうして聡さんに「「沈黙は金」という言葉を知らないの？」と言いましたか。

グループで話しましょう

1. 思い出に残っている旅行について話してください。
2. 日本のことわざの意味を3つ調べてきてください。また、ことわざの意味に加え、例文やその由来まで探しましょう。調べてきたものをグループで発表し、それと似た韓国語のことわざがないか話し合いましょう。

クラスで発表しましょう

グループで話した内容をまとめて、クラスで発表しましょう。

第12課
旅館でのマナー

登場人物

キムジナ、田中緑、鈴木聡

第12課

旅館でのマナー

旅館の部屋で

ジナ　ここが私たちの部屋か。わぁ！畳の部屋！

緑　ジナさん、旅館泊まるの初めてですか？

ジナ　うん。畳の部屋に入るのも初めて。楽しみにしてたんだ。

緑　良かったですね。これから、どうしますか。温泉に行ってみますか？

ジナ　いいね、行こう。ええと、何を持って行けばいいかな。

緑　荷物多くなるので、部屋で浴衣に着替えてから行きましょうか？

ジナ　わぁ！浴衣もあるんだ。じゃあ、そうしよ。

緑　あ、ジナさん、ちょっと待って。襟が逆です。それだと、亡くなった人の着方になっちゃう。

ジナ　こう？左の襟が上に来るようにすればいいのかな。

緑　はい、それで大丈夫です。

ジナ　そういえば、畳の部屋ってマナーがあるんだよね。韓国にいる時、教科書で習った気がする。

緑　私も詳しくは知らないんですけど、畳のへりは踏んじゃいけないって、聞いたことがあります。あとは、ざぶとんに座るとき、足で踏んじゃいけないこととか。

ジナ　踏んじゃいけないの？どうやって座るんだろう…。

緑　先にざぶとんにひざをついてから、滑るように前に出ればいいんですよ。

ジナ　緑さん、詳しいね。

緑　高校の時、茶道のクラブに入ってたんですよ。その時、茶道の先生に色々教えてもらったんです。

（ノックの音）

ジナ　あれ？聡君、どうしたの？緑さん呼んでくる？

聡　あ、緑に用じゃなくて。ジナさん、夕食の後、ちょっと散歩しませんか？

ジナ　散歩？あ、うん。いいよ。

ペアで話しましょう

1. ジナさんは初めに浴衣をどのように着ていましたか。また、ジナさんはどうして浴衣を着なおしましたか。
2. 緑さんはどうしてざぶとんのマナーを知っていましたか。

グループで話しましょう

1. 12課の本文に出てきたもの以外に日本のマナー(食事やお酒の席でのマナー、駅や病院など公共の場でのマナー、目上の人へのマナー、お祝いやプレゼントのマナー)について調べてグループの人に発表しましょう。
2. 発表した日本のマナーについて、韓国でも同じかどうかグループで話し合いましょう。

クラスで発表しましょう

グループで話した内容をまとめて、クラスで発表しましょう。

第13課
夏休みの思い出

登場人物

キムジナ、工藤良太

第13課

夏休みの思い出

大学のカフェテリアで

良太　これ、台湾のお土産。

ジナ　ありがとう！パイナップルケーキ、大好き！旅行どうだった？

良太　すごく楽しかったよ。海外旅行に行くの初めてだったんだけど、楽しすぎて4日間があっという間だった。

ジナ　いいなぁ。食べ物はどうだった？台湾の食べ物、おいしそうだよね。

良太　めちゃくちゃおいしかった！夜やってる市場に行ったんだけど、から揚げとかマンゴーのかき氷とか、もうこれ以上食べられないってほど食べてきたよ。

ジナ　いいなぁ。私も行ってみたいな。あ、そうだ！私も、これ、お土産。

良太　ありがとう！北海道に行ってきたって言ってたよね。佐々木先輩の家族と行ったの？

ジナ　ううん、一人で行ってきたの。理沙さんは、就活で忙しそうだったし。

良太　一人で！？

ジナ　うん、でも、とっても楽しかったよ。初めは一人だから寂しいかなって思ったんだけど、民宿で知り合った人たちと一緒に観光したりして、あんまり一人旅って感じじゃなかった。

良太　そうだったんだ。北海道のどこに行ったの？

ジナ　札幌と富良野。これ見て。富良野の花畑、すっごくきれいで感動しちゃった。

良太　ほんとにきれいだね。空も青くて、花の色が映えるね。行ってみたいな。

ジナ　カメラでも写真いっぱい撮ったから、今度見せるね。

良太　ありがとう。楽しみ。あ～、夏休み、2か月近くあったのに、あっという間に終わっちゃったね。

ジナ　ほんと。日本語の試験が冬にあるから、夏休みにたくさん勉強しようと思ってたのに、全然できなかった。

良太　俺もだよ。旅費を稼ぐのにアルバイトばっかしてた。

ペアで話しましょう

1. ジナさんはどうして一人で行ったのに一人旅という感じがしなかったと言っていましたか。
2. 一人旅のメリットとデメリットについて考え、話しましょう。

グループで話しましょう

1. 楽しかったことや頑張ったことなど、夏休みの思い出について話してください。
2. 夏休みにしようと思っていたけれどできなかったことについて話してください。

クラスで発表しましょう

グループで話した内容をまとめて、クラスで発表しましょう。

第14課
相談

登場人物

キムジナ、佐々木理沙

第14課

相談

リビングで

ジナ　理沙さん、ちょっと相談したいことがあるんですけど…。

理沙　うん、いいよ。どうしたの？

ジナ　鈴木君のことで、ちょっと…。

理沙　鈴木君？あ、サークルの2年生だったよね。

ジナ　はい。実は、この前のサークル旅行で、鈴木君に告白されたんです。

理沙　え～！そうだったの！それで、ジナちゃんは何て答えたの？

ジナ　それが、その場では返事をしなかったんです。鈴木君にも、突然で驚いてるだろうから、すぐに返事しなくてもいいって言われて。

理沙　ちょっと待って。サークルの旅行っていったら、もう2か月も前じゃん！まさか、まだ返事してないとか言わないよね。

ジナ　えっと…。まだです。

理沙　そんな～、その間、鈴木君と全く連絡してないの？それじゃ鈴木君がかわいそうだよ。

ジナ　そうですよね。なんて返事をしたらいいか迷ってて、結局夏休みの間、一回も連絡しませんでした。

理沙　で、ジナちゃんはどうしたいの？鈴木君と付き合うつもりなの？

ジナ　いいえ、そのつもりはありません。ずっと断らなきゃって思ってたんですけど、同じサークルだし、気まずくなるのが嫌で…。

理沙　うーん、わかるけど。鈴木君、きっともやもやした気持ちでいると思うよ。早く答えなきゃ。相手を傷つけたくないジナちゃんの気持ちもわかるけど、相手をずっと待たせるほうがかわいそうだと思うよ。

ジナ　そうですよね。早く鈴木君に返事をしなきゃダメですよね。今週中に連絡して、はっきり言うことにします。

ペアで話しましょう

1. ジナさんはどうして2か月も聡さんに返事をしませんでしたか。
2. ジナさんがなかなか返事をしなかったことについてどう思いますか。

グループで話しましょう

1. 最近、悩んでいることはありますか。悩み事をグループの人に話して、アドバイスをもらいましょう。
2. サークルの後輩から「大学生活になかなか慣れず、毎日疲れる」という相談を受けました。あなたならどんなアドバイスをしますか。

クラスで発表しましょう

グループで話した内容をまとめて、クラスで発表しましょう。

第15課
事故

登場人物

キムジナ、車の運転手、佐々木理沙、工藤良太

第15課

事故

事故現場で

運転手　大丈夫ですか？立てますか？あ、怪我してますね。

ジナ　いえ、大丈夫です。立てます。すみません、私こそぼ〜っとしてて。

運転手　すぐ救急車呼びますね。どこか痛いところはありませんか？

ジナ　足がちょっと痛いだけで、骨も折れてなさそうだし、救急車は呼ばなくても大丈夫そうです。

運転手　そうですか。今から警察と保険会社に連絡するので、すみませんが、ちょっとそちらで待っててもらってもいいですか？

ジナ　はい、わかりました。

運転手　(電話の後)これから警察が来て、現場を見るそうです。自転車、少しへこんでますね。本当にすみません。

病院で

理沙　ジナちゃん！！大丈夫？事故にあったって聞いて、ほんとにびっくりしたよ。車とぶつかったの？

ジナ　そうなんです。左折してきた車に自転車でぶつかっちゃって。でも、車のスピードがあんまり出てなかったから、よかったです。

理沙　足、血が出てるね。他に痛いところはない？

ジナ　足以外は大丈夫です。あ、名前呼ばれてるみたいなので、行ってきますね。

理沙　うん、ここで待ってるね。

良太　（ジナに電話をかける）もしもし、今、大丈夫？

理沙　工藤君？理沙だけど。ジナちゃんが事故でけがして、今、桜病院なんだ。ジナちゃんは今、お医者さんと話してるから、代わりに出ちゃった。

良太　え？事故？何かあったんですか？

理沙　自転車に乗ってて、車とぶつかったみたい。足から血が出て…、あれ？工藤君？もしもし？

ペアで話しましょう

1. どんな状況だったら人の携帯電話に代わりに出ることがあると思いますか。
2. 15課の本文の後、良太さんはどうしたと思いますか。

グループで話しましょう

1. これまでした怪我で一番大きかったものは何ですか。どうしてその怪我を負いましたか。
2. 健康のためにしていることや気を付けていることについて話してください。

クラスで発表しましょう

グループで話した内容をまとめて、クラスで発表しましょう。

第16課
誕生日プレゼント

登場人物

工藤良太、佐々木理沙、田中緑

第16課

誕生日プレゼント

学校のカフェテリアで

緑　ジナ先輩、大丈夫なんですか？事故にあったって聞いたんですけど。

理沙　うん、大丈夫。軽いけがで済んでよかったよ。工藤君なんて、電話で私の話を最後まで聞かないで、病院まで飛んで来ちゃったもんね。

良太　ちょっと、いいじゃないですか。それはもう。あの時は、気が動転して…。

理沙　ふ～ん、なるほどね。

良太　あ、そうそう、もうすぐジナさんの誕生日ですよね。誕生日プレゼントあげたいなって思ってて。どんなものがいいと思います？

理沙　プレゼントね。物じゃないんだけど、ジナちゃん、富士遊園地行きたがってたよ。

良太　富士遊園地ですか。誕生日、ちょうど週末だし、誘ってみようかな。

緑　お！デートですね。

良太　このこと、ジナさんにはまだ内緒にしててね。誕生日にびっくりさせたいから。

緑　わかりました。プレゼントって難しいですよね。喜んでもらうためには相手をある程度知ってなきゃいけないし。

良太　遊園地の他にちょっとしたプレゼントもしようと思ってるんだけど、化粧品が無難かな？それか、マニュキアとか香水は？

理沙　それはやめたほうがいいと思うよ。

緑　そうですよね。個人の好みもあるし。

良太　え～、じゃ、何がいいんだろう。

緑　ブランドのキーホルダーはどうですか。ジナ先輩、家の鍵、何もつけずにそのまま持ってた気がする。

理沙　いいね、キーホルダー。最近、おしゃれなのもいっぱい出てるよね。

良太　いいですね。それにしようかな。

ペアで話しましょう

1. 緑さんと理沙さんはどうして化粧品はプレゼントとしてよくないと言いましたか。
2. 友達や恋人にするサプライズについてどう思いますか。

グループで話しましょう

1. これまで誰かにあげたプレゼントで、喜んでもらえたプレゼントは何ですか。誰に、何を、どうやってあげたか詳しく話してください。
2. これまで自分がもらったプレゼントで嬉しかったものと困ったものについて詳しく話してください。

クラスで発表しましょう

グループで話した内容をまとめて、クラスで発表しましょう。

第17課
デート

登場人物

キムジナ、工藤良太

第17課

デート

駅で

ジナ　今日、どこ行くの？歩きやすい靴で来てって言ってたけど。

良太　(バスのチケットを渡す)ここ。

ジナ　え！？富士遊園地！！？？うそ！前から行きたかったんだ。嬉しい！

良太　事故のけがももう治ったみたいだし、週末、天気いいって言ってたから。

ジナ　わ～、楽しみ！あのジェットコースター、乗ってみたかったんだ。日本一大きいジェットコースターなんだよね。

良太　うん、そうらしいね。あと、お化け屋敷も有名みたいだよ。

ジナ　テレビで見たことある。かなり人気があって、週末だと、1時間待ちは当たり前らしいよ。

良太　そのお化け屋敷、病院の中を歩き回るんだって。実際、本物の幽霊を見たって人もたくさんいるらしいよ。

ジナ　え～、怖そう！だけど、せっかく行くんだから、そこにも行ってみなきゃね。

レストランで

良太　遊園地、楽しかったね。

ジナ　うん、楽しすぎて、あっという間に時間が過ぎちゃった。ここも良太君が予約してくれたの？

良太　うん。週末このレストラン混むって聞いてたから。

ジナ　わぁ、ありがとう。

良太　それと、これ。今日、誕生日でしょ。

ジナ　え、これプレゼント？ありがとう！開けてもいい？

良太　もちろん！気に入ってくれるといいんだけど。

ジナ　かわいい！こういうキーホルダー前から欲しいと思ってたんだ。もしかして、今日、私の誕生日だから遊園地に誘ってくれたの？

良太　うん、そう。誕生日だから楽しい一日になったらなって思って。

ジナ　今日一日、本当にありがとう。こんなに楽しい誕生日初めてだよ。

ペアで話しましょう

1. 良太さんが事前にレストランを予約しておいたのはどうしてですか。
2. あなたなら17課の本文のようなデートがしたいですか。どうしてですか。

グループで話しましょう

1. 次のリストを参考にして、自分ならどのようなデートをしたいか話しましょう。
   - 水族館
   - ドライブ
   - 映画館
   - 遊園地、テーマパーク
   - おしゃれなレストランやカフェ
   - 動物園
   - 花火やイルミネーションなどの季節のイベント

2. 韓国で人気のデートスポットについて話し合い、人気の理由についても考えてみましょう。

クラスで発表しましょう

グループで話した内容をまとめて、クラスで発表しましょう。

第18課
けんかと仲直り

登場人物

キムジナ、工藤良太

第18課

けんかと仲直り

大学のキャンパスで

良太　ジナ！ねえ、ジナ！ちょっと待ってよ。

ジナ　…。

良太　なんで無視するの？週末メールしたのに返事くれないし。

ジナ　…。話したくなかったから。

良太　俺、何かした？怒ってるっぽいけど、そうやって何にも言わなかったら何が悪いのかわからないじゃん。

ジナ　金曜日バイトがあるって言ってたよね。

良太　うん、金曜日はバイトしてたよ。何で？

ジナ　金曜日、駅前で良太が女の人と歩いてるの見たんだけど。

良太　ああ、何だ、そんなことか。俺、何か悪いことしたのかと思ったよ。

ジナ　ちょっと！なんで笑うの？私、怒ってるんだよ。

良太　あのね、あの女の人はバイト先のお客さん。取引先の韓国の会社から来た人なんだけど、上司に頼まれて会社の近くを案内してたんだよ。

ジナ　え、そうだったの？

良太　も〜、見かけたなら声かけてくれればよかったじゃん。そうすれば、誤解して怒ったりもしなかったのに。週末、連絡ないからほんとに心配したんだよ。

ジナ　…ごめん。誤解して勝手に怒ったりして。メールも無視しちゃったし。

良太　もういいよ。誤解も解けたことだし。でも、これからは何か不満があったらすぐ言ってね。不満があるのに黙って怒ってたんじゃ、何が悪いのかわからないから。

ジナ　うん、わかった。本当にごめんね。

ペアで話しましょう

1. ジナさんはどうして怒っていましたか。
2. 恋人や兄弟が知らない異性と歩いているのを見たらどうしますか。

グループで話しましょう

1. これまでどんなことで家族や友達とけんかしましたか。その時、どうやって仲直りしましたか。また、仲直りの時、あなたの方から謝ることが多かったですか。
2. 友達や家族とけんかしないために気を付けていることはありますか。

クラスで発表しましょう

グループで話した内容をまとめて、クラスで発表しましょう。

第19課
読書の秋

登場人物

田中緑、鈴木聡

第19課

読書の秋

本屋で

聡　何かおすすめの本ある？

緑　おすすめの本か。私がよく読むのはミステリー小説とか、エッセイとかなんだけど。何か好きなジャンルある？

聡　う～ん、普段あんまり本読まないからな…。

緑　だと思った。どうして急に本読む気になったの？

聡　えっと、読書の秋だから。

緑　聡の場合、読書の秋じゃなくて、食欲の秋なんじゃないの？

聡　緑、よく本読んでるじゃん。どんな本読んでるのかなって前から気になってて。

緑　ふ～ん。じゃ、私が好きな本でいいの？これ、ちょっと昔の本なんだけど、何度も読むくらい面白いよ。

聡　へ～。その本、どんなストーリー？

緑　簡単に言うと、ある高校の先生が自分は誰かに狙われているって思っているの。実際に何度も危ない目にあうんだけど、誰が殺そうとしているかはわからないの。そうしている間に、その高校で次々と殺人事件が起こって、その犯人が誰かを探そうとする話。

聡　へ～、面白そうだね。

緑　うん、面白いよ。この作家のデビュー作で、80年代に書かれた本なんだ。

聡　そうなんだ。じゃあ、この本、買ってみる。ありがとう、すすめてくれて。

緑　どういたしまして。

聡　あのさ、この後、暇？本屋に付き合ってもらったお礼にお茶おごるよ。

緑　え、いいの？じゃ、この近くのブックカフェ行こうよ。この作家さんの本も全部置いてあるよ。

ペアで話しましょう

1. 聡さんはどうして緑さんにおすすめの本を聞いたと思いますか。
2. 本や映画の好きなジャンルについて話しましょう。

グループで話しましょう

1. 日本では「読書の秋」「スポーツの秋」「食欲の秋」「芸術の秋」という言葉があります。韓国には似たような言葉があるか話し合ってみましょう。あなたなら4つのうち、どれを楽しみたいですか。
2. 好きな本をグループの人に紹介してみましょう。

クラスで発表しましょう

グループで話した内容をまとめて、クラスで発表しましょう。

第20課
学園祭の企画

登場人物

キムジナ、工藤良太、田中緑、鈴木聡

第20課

学園祭の企画

サークルルームで

良太　今年の学園祭、どうする？去年と同じで焼きそばでもいいけど。

緑　焼きそばですか？去年、焼きそば売ってるサークルが多くて、あんまり売れなかったんですよね。

聡　そうそう、売れ行きが良くないから、カレー味の焼きそばにしたり、色々工夫したよね。

緑　今年はジナさんもいることだし、何か韓国料理を作って売るのはどうですか？

良太　あ、いい考えだね。ジナ、どう？何か簡単に作れるものある？

ジナ　簡単なものか・・・、だったらチヂミかな。チヂミの粉さえあれば、野菜を切ってお好み焼きみたいに焼くだけでいいんだけど。

良太　いいね。道具は去年のものを使えばいいし。

ジナ　チヂミの粉が問題だね。どこか売ってるとこないかな。

聡　この前、うちの近くのスーパーで売ってるの見た気がします。値段はちょっと覚えてないけど。

良太　じゃあ今度行ったとき、値段確認してきて。あんまり高かったら困るけど。

ジナ　あ、今調べてみたら、小麦粉でも作れるみたい。

緑　小麦粉だったらどこにでも売ってるし、よかったですね。野菜はどんなものを入れるんですか？

ジナ　ネギとかニラが一般的かな。野菜だけじゃなくて、シーフードを入れるともっとおいしいよ。

良太　チヂミで決まりだね。ジナ、使う材料を教えてくれる？

ジナ　うん、わかった。今日家に帰って材料と作り方調べてみる。

良太　緑さんと聡に材料の買い出し頼んでもいい？

緑・聡　はい、もちろんです。

ペアで話しましょう

1. 韓国の大学の学園祭ではどんな催しが人気ですか。
2. 日本の大学で韓国の食べ物を売るとしたら何がいいと思いますか。

グループで話しましょう

1. 学園祭に参加して楽しかったこと・大変だったことは何ですか。
2. 学園祭で出し物や催しを企画するとしたらどんなことがしたいですか。

クラスで発表しましょう

グループで話した内容をまとめて、クラスで発表しましょう。

第21課
最終面接

登場人物

佐々木理沙、面接官①、面接官②、面接官③

第21課

最終面接

会社の会議室で

面接官① それでは次の質問に移ります。入社したら具体的にどんな仕事をしたいですか？

理沙 はい、私は御社で外国人旅行者向けツアーの企画の仕事に携わりたいです。私は大学で国際交流サークルに入っていたのですが、留学生やその家族の多くが日本の大都市だけでなく、私自身も行ったことがないような地方の都市に行きたがっていることを知りました。ですが、外国語でツアーの説明を受けられ、申し込みまでできる会社があまりないそうで、交通手段や宿泊施設について相談を受けることがよくありました。

面接官② そうですか。確かに、当社でも外国人観光客向けのツアーは東京と大阪しかありません。

理沙 サークルでは、年に1度留学生と一緒に日本国内を旅行する活動も行っており、私は1年生の時から旅行の計画に携わっていました。旅行を企画する際には、様々な国から来た留学生に希望を聞き、それらにできる限り沿えるようなツアーを計画しました。御社に入社できましたら、サークルで旅行を企画・運営した経験を活かし、外国人旅行者向けのツアー、特に地方へのツアーの企画に従事したいと考えております。

面接官③　サークルで旅行に行った場所の中で留学生が一番喜んでいた所はどこですか？

理沙　石川県金沢市です。自然が豊かで美しい景色が多く、古い街並みを歩くことができて、留学生から感動的だったと言ってもらえました。また、歴史的な建物の民宿に泊まったのですが、そこで食べた伝統料理の味が忘れられないという留学生もいました。民宿では日本の文化やマナーについても体験することができたので良かったと思います。

面接官①　なるほど。ホテルでは体験できない日本の文化に触れられるいい機会になったんでしょうね。

（面接が続く）

参考サイト

・キャリマガ　https://www.nikki.ne.jp/magazine/entry/2017/10/1203
（検索日：　2018年8月14日）

・マイナビ転職　https://tenshoku.mynavi.jp/knowhow/mensetsu/qa13
（検索日：　2018年8月14日）

ペアで話しましょう

1. 理沙さんはどんな仕事がしたいと言っていますか。

2. 子供のころ、どんな仕事がしたかったですか。

グループで話しましょう

1. 韓国で人気の職種や業界について話し合いましょう。

2. 働いてみたい職種または業界について調べてきて、友達に発表しましょう。

クラスで発表しましょう

グループで話した内容をまとめて、クラスで発表しましょう。

第22課
家捜し

登場人物

キムジナ、佐々木理沙、不動産屋

第22課

家捜し

不動産屋で

理沙　今日付き合ってくれてありがとね。一人だとなかなか決められなさそうだったから。

ジナ　いいえ、私、一度来てみたかったんです。一人暮らししたことないから、韓国でも不動産屋って行ったことなかったし。

不動産屋　お待たせしました。ご希望の地域の物件リスト、お持ちしました。え～っと、一人暮らしの部屋をお探しでしたよね。

理沙　はい。１DKで家賃7万円ぐらいのマンションがいいんですが。

不動産屋　それでしたら、いくつかいい物件があります。こちらのマンションはいかがですか？

理沙　築27年！結構古いですね。

不動産屋　ご希望の地域で家賃7万円のマンションでしたら、どれも築30年くらいですよ。でも、きちんとクリーニングもしていますし、ほら、中はとてもきれいですよ。

理沙　(写真を見て)あ、本当ですね。一人暮らしだし、なるべく上の階のほうがいいんですけど…。

不動産屋　でしたら、この3つになりますね。この2つは駅から徒歩20分で結構遠くなっちゃいますが。

理沙	この桜レジデンスは地下鉄の駅まで歩いて7分。間取りもいいし、日当たりもよさそう。
ジナ	あの、ここって一階の入り口、オートロックですか？
不動産屋	ここはオートロックじゃないですね。
ジナ	理沙さん、一人暮らしだったら、一階はオートロックのほうが安心ですよ。突然、人が訪ねてきても断りやすいし。
理沙	そうだね。会社から住宅手当が出るし、もう少し高くても大丈夫かな。8万円ぐらいでオートロックがついているマンションありますか？
不動産屋	え～と、少しお待ちください。あ、これ。どうですか？オートロック付き築24年のマンション。１DKで洋室は9帖、ほかの物件と比べて少し広めです。今から見に行くこともできますよ。
理沙	ここ、いいですね。見に行きたいです。

ペアで話しましょう

1. ジナさんがオートロックの家をすすめたのはどうしてだと思いますか。
2. 韓国で一人暮らしをする場合、どんなところが人気ですか。

グループで話しましょう

1. 予算に制限がないならどんなところに住みたいですか。条件をたくさんあげて話してみましょう。
2. 一人暮らしのメリットとデメリットをグループで話し合いましょう。

クラスで発表しましょう

グループで話した内容をまとめて、クラスで発表しましょう。

第23課
お正月

登場人物

佐々木健一、佐々木雅子、佐々木理沙、キムジナ

第23課
お正月

佐々木家リビングで

ジナ　明けましておめでとうございます。

健一　明けましておめでとう。

雅子　今年もよろしくね。

ジナ　はい！今年もよろしくお願いします。

健一　ジナちゃん、理沙。はい、これお年玉。

理沙　わ〜い！ありがとう！

ジナ　お年玉！？ありがとうございます。でも、私までいただいちゃっていいんですか？

雅子　いいに決まってるじゃないの、家族なんだから。じゃあ、朝ご飯にしましょう。理沙とジナちゃん、お雑煮とおせち運ぶの手伝ってくれる？

ジナ　はい！(台所に行って)わぁ！すごいですね！これがおせち料理ですか。エビとか栗とか、色々入ってますね。おいしそう！

雅子　今年はジナちゃんがいるから、張り切ってたくさん作っちゃった。

理沙　ほんと。いつもは重箱なんて使わないもんね。

雅子　もう、理沙、つまみ食いしてないで、早く居間に運んでちょうだい。ジナちゃんはおせちをお願いね。

ジナ　いろんなおかずがありますね。おせち料理の中身って決まってるんですか？

雅子　そうねえ、地方によって違うみたいだけど、大体決まってるわよ。それに、おかずそれぞれに意味が込められているの。このエビ、ゆでると丸くなるでしょ。背中が曲がるまで長生きするようにって意味なの。

ジナ　そうなんですか。素敵！この、魚の卵にはどんな意味があるんですか？

雅子　ああ、これね。これは数の子っていうんだけど、卵の数が多いでしょ。だから、たくさん子供が生まれますようにっていう意味が込められているのよ。

理沙　ジナちゃん、お母さん、まだ〜？早く新年の乾杯しようよ！

ペアで話しましょう

1. 韓国では旧正月にどんなものを食べますか。

2. 今年の旧正月はどのようなことをして過ごしましたか。

グループで話しましょう

1. 韓国の伝統的な行事を外国人に紹介するとしたら、何を紹介したいですか。

2. 日本の伝統的な行事を一つ調べてグループで発表しましょう。

クラスで発表しましょう

グループで話した内容をまとめて、クラスで発表しましょう。

第24課
帰国

登場人物

キムジナ、佐々木健一、佐々木雅子、
佐々木理沙、工藤良太

第24課

帰国

空港で

雅子　一年間、あっという間だったわね。ジナちゃんがうちに来たのがついこないだのことみたい。

健一　ほんとだな。一年は短いね。ジナちゃんが帰っちゃったら寂しくなるな。

理沙　本当だよ！妹ができたみたいでとっても楽しかったのに。

ジナ　理沙さん、お父さんにお母さん、一年間、本当にお世話になりました。皆さんのおかげで楽しくて充実した一年が過ごせました。韓国に帰ったら、お母さんの手料理、恋しくなりそうです。

雅子　ジナちゃんは帰っちゃうし、理沙も一人暮らしを始めるし、うちにはお父さんしかいなくなるわね。寂しくなるわ。ジナちゃん、日本に来ることがあったらいつでも遊びに来てね。

ジナ　ありがとうございます。嬉しいです。

理沙　あ、工藤君だ。私たちここで待ってるから、二人で話して来たら？

ジナ　あ、すみません。じゃ、ちょっと行ってきます。

良太　ジナ、ついに帰っちゃうんだね。

ジナ　うん、ここんとこ、毎日良太と会ってたから、これからしばらく会えなくなると思うと悲しいな・・・。

良太　そうだね。寂しくなるけど、俺、毎日電話するよ。

ジナ　うん、そうだね…。（ジナ、泣く）

良太　ジナ、俺、今年の夏休み、一か月ぐらい韓国に行くよ。ソウルにあるインターネットの会社でインターンすることになったんだ。本当は色々細かく決まってから言おうと思ってたんだけど、ジナが泣くから。

ジナ　え、嘘！本当！？

良太　うん。前からインターネットの会社でインターンしてみたかったんだけど、韓国の会社でも募集してるって佐々木先輩から教えてもらって。まさか通るとは思わなかったんだけど。

ジナ　泣いて損した！でも、めちゃくちゃ嬉しい！

ペアで話しましょう

1. ジナさんは何に対して喜んでいますか。
2. 中学や高校を卒業した時など、思い出に残っている別れについて話してください。

グループで話しましょう

1. この後、ジナさんと良太さんはどうなると思いますか。
2. この一年を振り返ってどうでしたか。来年はどんな年にしたいですか。

クラスで発表しましょう

グループで話した内容をまとめて、クラスで発表しましょう。

ロールプレイ

ロールプレイ

① 韓国旅行の相談をする

② 友人に謝る

③ 旅行中のペットの面倒をお願いする

④ ルームメイトと一緒に住む上でのルールを決める

ロールプレイ①

韓国旅行の相談をする

役割A 韓国への旅行を希望する日本人大学生

状況 夏休みに友達と二人で3泊4日ぐらいの韓国旅行を計画しています。大学の同じクラスの韓国人留学生に韓国の観光地について相談します。

1. 友達と二人で3泊4日ぐらい韓国に旅行したいが、どこに行こうか悩んでいると話してください。
2. 今まで行ったことのある韓国の観光地を2か所だけ話してください。
3. 韓国旅行でしたいことについていくつか話してください。(市場を見学したい、歴史的な建物を見たい、遊園地で遊びたいなど)
4. 韓国旅行で食べたいものをいくつか話してください。
5. おすすめの観光地を聞いてください。
6. おすすめしてくれた観光地にBは行ったことがあるか聞いてください。
7. 3つの観光地の中で一番面白かったところはどこか聞いてください。
8. Bが一番面白かったと言っていた観光地に行くと言い、相談に乗ってくれたお礼を言ってください。

役割B 韓国人留学生

状況 あなたは日本の大学に留学しています。日本人のクラスメイトから夏休みに行く韓国旅行について相談されます。韓国でどんなことがしたいか、どんなものが食べたいか聞いて、日本人大学生の要望に合った韓国の観光地を紹介します。

1. クラスメイトの日本人から韓国旅行について相談されます。話を聞いてください。
2. これまで韓国に行ったことがあるか聞いてください。
3. 韓国でどんなことがしたいか聞いてください。
4. 韓国で何が食べたいか聞いてください。
5. Aの話を聞いて、おすすめの観光地を3つ紹介してください。
6. すべて行ったことがあると答えて、それぞれの場所でどんなことができるか簡単に話してください。
7. 3つの観光地の中で一番面白かったところについて話してください。そこで何をしたのかエピソードも話してください。
8. お礼に答えてください。

ロールプレイ②

友人に謝る

役割A　大学生A

状況　今日あなたは親しい友達のBと午前9時半に駅前で待ち合わせをして、10時から映画を見る約束をしていました。携帯のアラームをセットし忘れて、朝、時計を見ると、すでに10時でした。携帯には友達から何度も電話がかかってきていました。友達に電話して謝ります。

1. Bに電話をして遅刻したことを謝ってください。寝坊した理由も言ってください。
2. Bが怒っています。許してもらえるよう、もう一度謝ってください。
3. Bが事前にインターネットで映画のチケットを予約してくれていたことにお礼を言い、キャンセルすることになって悪かったと謝ります。
4. 遅刻したお詫びに今日のお昼ご飯はBが食べたいものを何でもごちそうすると提案してください。
5. Bが食べたいと言ったものを食べに行こうと言い、その後、何か楽しいプランを提案してください。
6. Bの誘いに乗ってください。

役割B 大学生B

状況 今日あなたは親しい友達のAと午前9時半に駅前で待ち合わせをして10時から映画を見る約束をしていました。映画のチケットはすでにあなたがインターネットで予約をしてあります。9時半の約束だったのに、Aが現れず、電話をしてみましたが電話にも出ません。

1. Aに謝られます。携帯に何度も電話したことを伝え、軽く怒ってください。
2. Aにもう一度謝られます。話を聞いてください。
3. 事前にインターネットで映画のチケットを予約しておいたことを伝え、不満を言ってください。チケットはキャンセルしたことも伝えてください。
4. 遅刻したお詫びに食べたいものをAがごちそうしてくれるそうです。食べたいものを言いましょう。
5. Aがご飯を食べた後、何をするかについて提案します。その提案に反対してください。理由も言いましょう。
6. 別の楽しいプランを提案しましょう。

ロールプレイ③

旅行中のペットの面倒をお願いする

役割A　大学生A

状況　あなたは大学の近くで一人暮らしをしています。来月1週間旅行に行くので、ペットの猫（モモ）の面倒を親しい友達Bに頼みます。友達Bも大学の近くで一人暮らしをしていて、猫を飼っています。

1. 来月の第一週目の予定を聞いてください。
2. 来月の第一週目に一週間旅行に行くので、猫の面倒をみてくれるよう頼んでください。
3. あいづちを打ちながらBの話を聞いてください。
4. 一日に2回あなたの家に来て、モモにエサをあげたり、モモのトイレを掃除したりしてもらえるか頼んでください。
5. お礼を言ってください。
6. 迷惑をかけることを謝まり、モモの面倒を引き受けてくれたことにもう一度お礼を言ってください。
7. Bが喜びそうなことを何か提案してください。

役割B 大学生B

状況 あなたは大学の近くで一人暮らしをしています。親しい友達Bからペットの猫の面倒を頼まれます。あなたも猫(ミュウ)を飼っているので、猫の面倒の見方はよく知っています。

1. 来月の第一週目の予定を聞かれます。週末はアルバイトがあるが、それ以外は家にいるつもりだと答えてください。
2. 旅行中の猫の面倒を頼まれます。了承してください。
3. 面倒を見るのはいいが、友達Aの猫モモをあなたの家に連れてきて面倒を見ることはできないと話してください。モモの面倒をあなたの家で見られない理由についても話してください。
4. Aの家でモモの面倒を見ることを頼まれます。了承してください。その後、週末は1回しかAの家に行けないと話してください。
5. お礼に答えてください。
6. 一日2回友達Aの家に行くのはちょっと大変だと軽く不満を言ってください。
7. Aの提案を聞き、喜びの気持ちを伝えてください。

ロールプレイ④

ルームメイトと一緒に住む上でのルールを決める

役割A 大学生A

状況 あなたは友達のBと一緒に住むことになりました。Bと話し合って一緒に住む上でのルールを決めます。

1. 門限について何時ぐらいが適当かBに聞いてください。
2. Bさんが提案した門限が適当だと思ったら賛成を、適当じゃないと思ったら反対して、自分が適当だと思う時間を提案してください。
3. キッチンの使い方について決めておきたいルールをいくつか話してください。
4. (Bが追加したいルールについて話した場合) Bが提案したルールに賛成してください。
5. 掃除と洗濯の分担について提案してください。
6. (Bの掃除と洗濯のルールについての意見を聞いて) 掃除と洗濯のルールについて二人の意見をまとめて提案してください。
7. 来客のルールについてBの意見に賛成か反対かを言ってください。理由についても話してください。反対の場合、新しいルールを提案してください。
8. Bの意見に同意してください。

役割B 大学生B

状況 あなたは友達のAと一緒に住むことになりました。Aと話し合って一緒に住む上でのルールを決めます。

1. 門限について適当だと思う時間を答えてください。
2. （Aがあなたの提案した時間に反対した場合） Aが提案した時間に賛成してください。
3. キッチンの使い方について決めておきたいルールがあるか聞いてください。
4. Aが提案したルールのほかに追加したいルールがあったら話してください。なかったら、Aが提案したルールに賛成してください。
5. 掃除と洗濯についてのAの提案を聞き、いいと思ったら賛成してください。よくないと思ったら反対して、自分の意見を言ってください。
6. Aの決定に同意してください。
7. 来客のルールについて自分の意見を言ってください。
8. 来客のルールについて二人の意見をまとめて提案してください。

중급 일본어회화

초판 인쇄 2019년 3월 4일
초판 발행 2019년 3월 11일

엮은이 한국외국어대학교
일본어통번역학과 교재편찬위원회
발행인 김인철
총괄 · 기획 가정준 Director, University Knowledge Press
편집장 신선호 Executive Knowledge Contents Creator
도서편집 박현정 Contents Creator
전자책편집 인은주 e-Contents Creator
재무관리 강현주 Managing Creator
사전 · 출판 정준희 Contents Creator
마케팅 파트장 백승이 Chief Marketing Creator
마케팅 이현진 Marketing Creator
발행처 한국외국어대학교 지식출판콘텐츠원
02450 서울특별시 동대문구 이문로 107
전화 02)2173-2493~7
팩스 02)2173-3363
홈페이지 http://press.hufs.ac.kr
전자우편 press@hufs.ac.kr
출판등록 제6-6호(1969. 4. 30)
디자인 · 편집 (주)이환디앤비 02)2254-4301
인쇄 · 제본 네오프린텍 02)718-3111

ISBN 979-11-5901-451-2 14730 정가 12,000원
ISBN 979-11-5901-449-9 (세트)

*잘못된 책은 교환하여 드립니다.